THE MOTHER POSITION

CURATED BY ISABELLE GRAW

CECILY BROWN
CHARLINE VON HEYL
BROOK HSU
SANYA KANTAROVSKY
VALENTINA LIERNUR
DANA SCHUTZ
TSCHABALALA SELF

31 AUGUST – 26 OCTOBER 2024

CONTEMPORARY FINE ARTS
BASEL

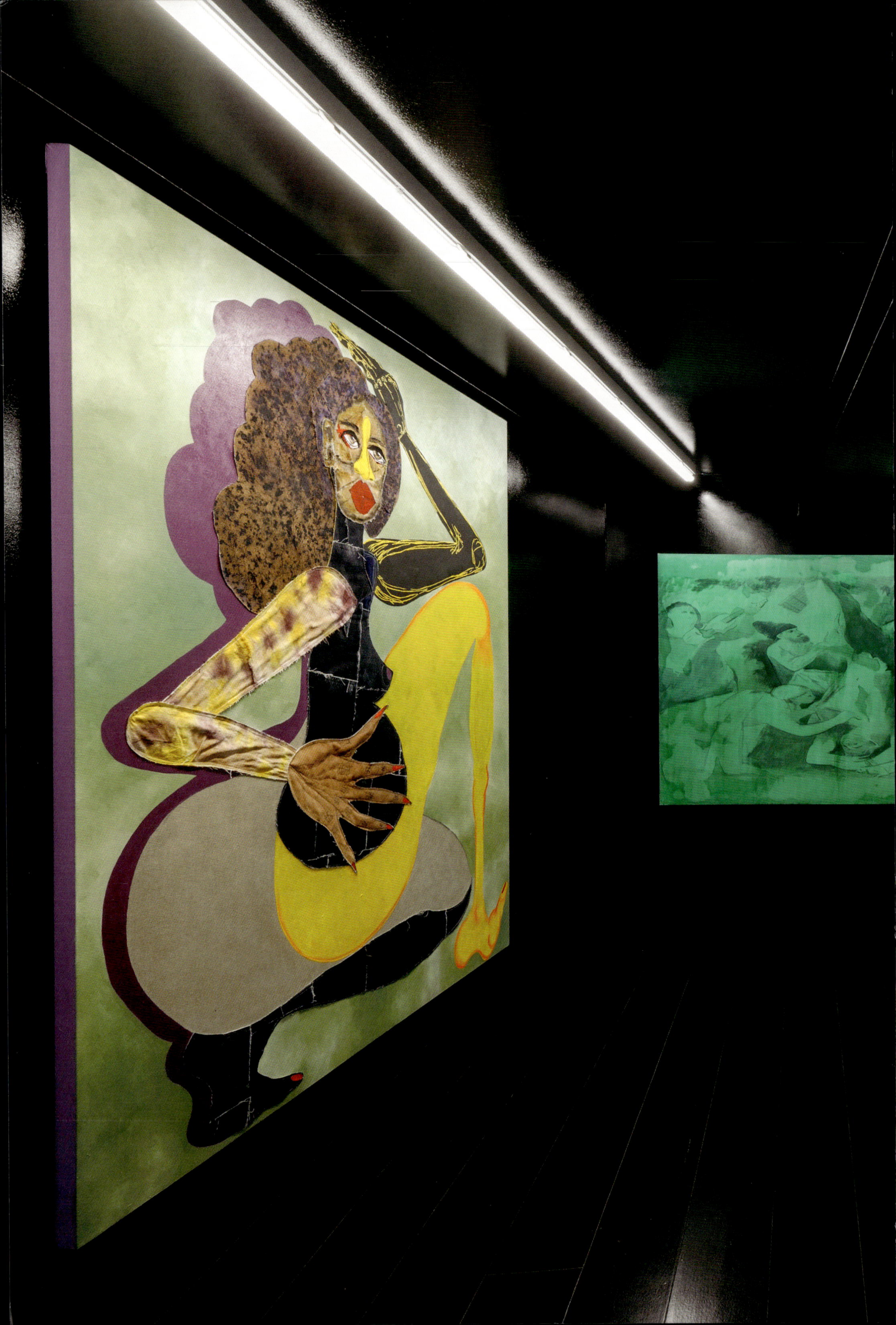

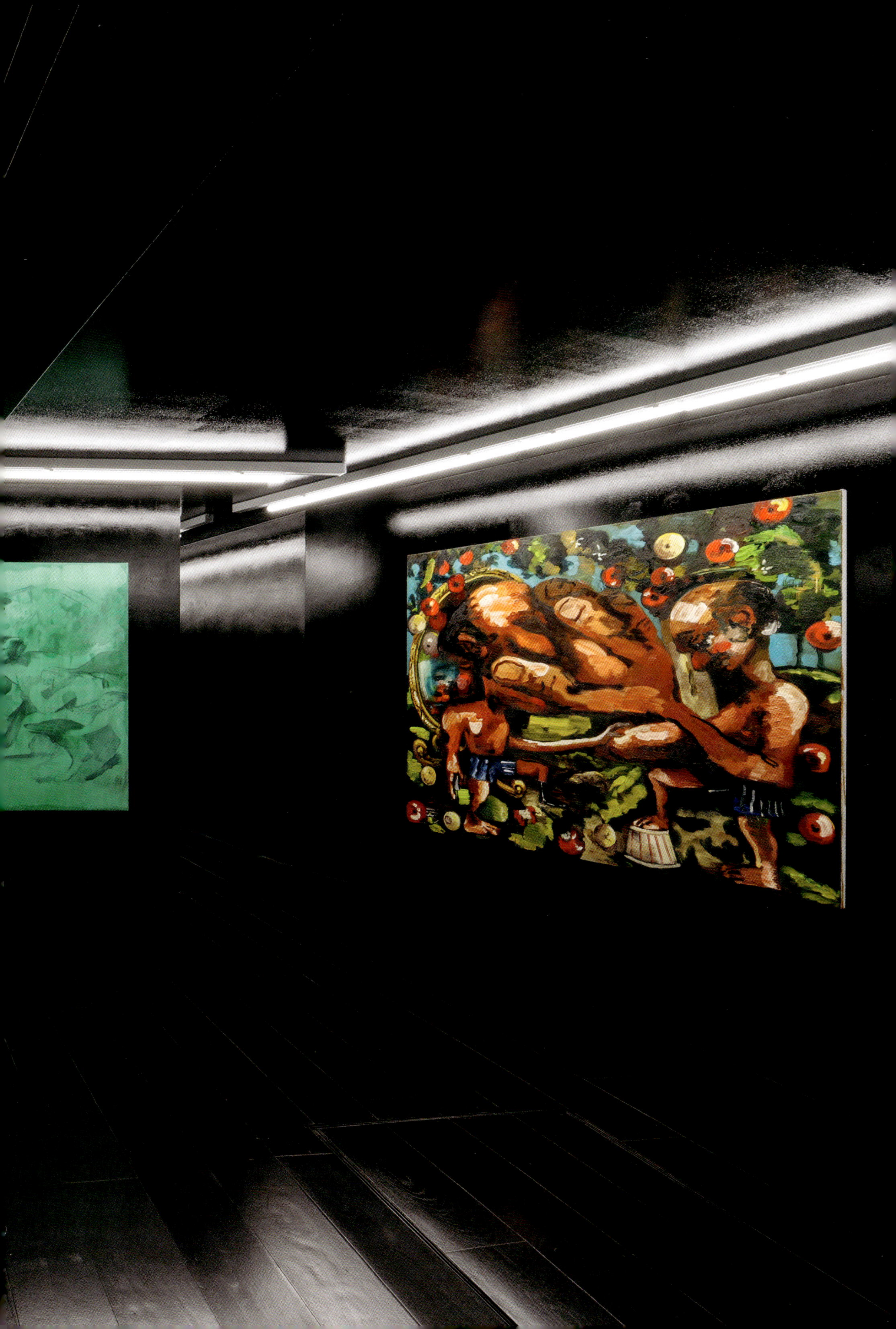

DIE MACHT DER OBJEKTBEZIEHUNG

Wie innere Beziehungswelten den künstlerischen Umgang mit Dingen und Personen prägen

Die Beziehung zwischen Mutter und Kind beziehungsweise zwischen Caretaker und Infant wird in der bildenden Kunst traditionell als eine symbiotische Verschmelzung dargestellt. Siehe etwa die Marienbildnisse von Raphael. Diese Ausstellung wirft jedoch – inspiriert von der englischen Psychoanalytikerin Melanie Klein – einen anderen Blick auf jene frühkindlichen „Objektbeziehungen", die unser Verhältnis zu anderen Personen ein Leben lang prägen. Neben Liebe und Zuwendung ist die Bindung des Kleinkindes an seine Mutter oder an seinen Caretaker Klein zufolge auch durch Aggressionen, Ambivalenzen und Angstphantasien gekennzeichnet.

The Mother Position versammelt künstlerische Arbeiten, in denen die komplexen Abgründe dieser Objektbeziehung aufscheinen und verhandelt werden. Auch die langfristigen Folgen dieses paradigmatischen Verhältnisses klingen an. Eben weil keine künstlerische Praxis ohne Objektbezug auskommt, lohnt sich die Auseinandersetzung mit den ebenso libidinösen wie destruktiven Objektphantasien. Dass schlechte Gefühle, Spaltungen und einseitige Verwerfungen die sozialen Interaktionen unserer heutigen Gesellschaft maßgeblich bestimmen, liegt demnach nicht nur an der vielbeschworenen „Polarisierung" oder an den Sozialen Medien.

The Mother Position demonstriert vielmehr, dass unsere Beziehungen zu anderen auch Ausdruck eines inneren psychischen Lebens sind, das ins Außen projiziert wird (während äußere Ereignisse introjiziert werden). Die Ausstellung befasst sich weniger mit Mutterschaft im engeren Sinne als mit einer psychischen *Position* und ihren Objektbeziehungen, die in der frühen Kindheit ihren Ausgangspunkt nehmen. Nach Klein nehmen wir diese Position im Laufe unseres Lebens immer wieder ein. Mehr noch: Es handelt sich um eine Position – und dies ist das zentrale Argument von *The Mother Position* –, die auch die Beziehung der Künstler*innen zu ihren Objekten prägt und in diesen gelegentlich sogar aufscheint.

Isabelle Graw

THE POWER OF OBJECT RELATIONS

How inner relational worlds shape the artistic interaction with things and people

The relationship between mother and child, or between caretaker and infant, has traditionally been represented as a symbiotic fusion within visual art; see the images of virgin and child by Raphael, for example. Inspired by the English psychoanalyst Melanie Klein, this exhibition takes a different view of those early childhood "object relations" that continue to shape how we relate to others throughout our lives. In addition to love and affection, Klein argues, the bond between the baby and its mother is also marked by aggressions, ambivalences, and strong anxious phantasies.

The Mother Position brings together artworks that negotiate the complex nature of this paradigmatic object relation, whose long-term consequences resonate throughout. It is precisely because no artistic practice can do without an object relation that the equally libidinal and destructive object phantasies are worth examining. From this perspective, the fact that social interactions are currently often defined by negative feelings, splits, and one-sided repudiations is not only due to social media and the much-invoked "polarization" of contemporary society.

Instead, *The Mother Position* demonstrates that our relations to the external world are also the expression of an inner *psychic life* that gets projected to the outside (while outside events get introjected). The exhibition thus focuses less on motherhood in the narrow sense than on a *psychic position* and its object relations that has its starting point in early childhood. It is a position that we keep inhabiting throughout our lives according to Klein. More so: it is a position – and this is *The Mother Position*'s central argument – that shapes the relationship between artists and their objects in particular.

Isabelle Graw

translated by Dana Žaja

Cecily Brown
Focus Object 2024

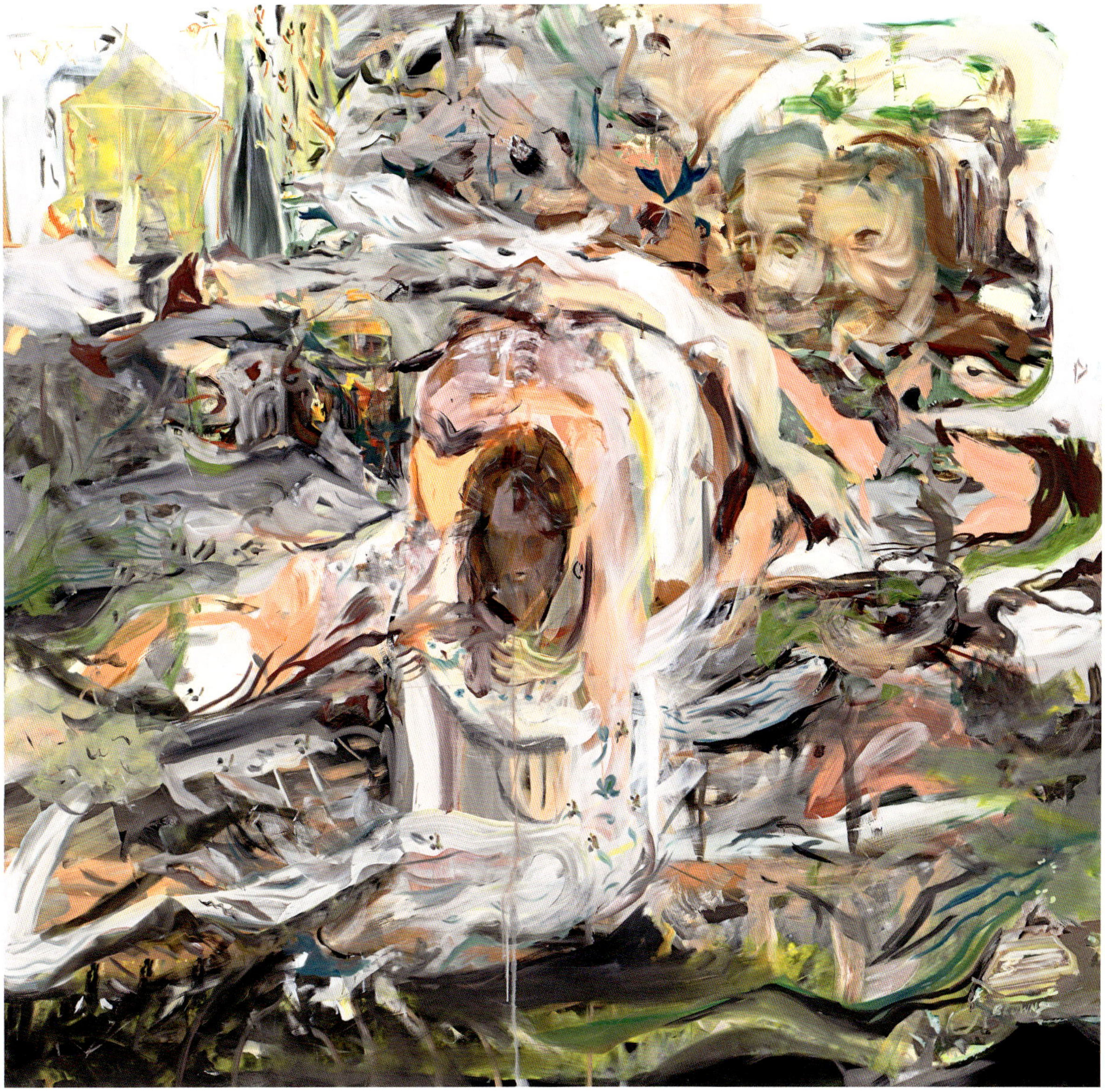

CECILY BROWN
Focus Object

Beim Betrachten dieses Bildes bleibt das Auge sofort an dem in seiner Mitte klaffenden braunen Loch hängen: eine Art analer Schlund, der auf den ersten Blick wie ein tiefer Abgrund wirkt, auf den zweiten jedoch ein zart angedeutetes weibliches Gesicht aufweist. Hinter diesem Gesicht türmen sich expandierende und dynamische Fleischmassen in Weiß-, Braun- und Grüntönen, die sich horizontal über die gesamte Bildoberfläche erstrecken und sie in Bewegung versetzen. Es wirkt so, als habe Brown die Versuchsanordnung von Marcel Duchamps *Étant données* (1946–1966) umgekehrt und zwar mithilfe eines malerischen Duktus, der ebenso an den milchigen Einsatz der Farbe Weiß bei Berthes Morisot erinnert als auch an die fleischlich anmutende „Action" von Willem de Kooning.

Zunächst einmal ist an die Stelle der bei Duchamp exponierten weiblichen Scham bei Brown ein zart angedeutetes Frauengesicht getreten, das sich auf die körperliche Arbeit des Gebärens konzentriert. In ihrem etwas älteren Bild *Jicky* (2009–2010) ist die Geburtssuggestion noch sehr abstrakt, in *Focus Object* wird hingegen eine auf dem Bauch liegende Figur, eine „woman in labour", mit heftigen Pinselstrichen angedeutet. Doch auch wenn man Duchamp wie Brown auf den Kopf stellt, entkommt man dem Voyeurismus der männlichen Experten nicht. Dafür sprechen jedenfalls die beiden „Älteren" im Hintergrund des Bildes – bärtige Männerköpfe im Profil, die wie Mediziner oder Gelehrte wirken. Sie sehen der gebärenden Frau von hinten bei der Arbeit zu und verfügen über eine privilegierte Perspektive auf ihre Vagina, die unserem Blick jedoch entzogen bleibt.

Wie schon Freud versuchen sich diese „Älteren" einen Reim auf die scheinbar unbezähmbare Frau zu machen. Freud und Melanie Klein haben mit dem Geburtserlebnis die erste Erfahrung von Todesangst assoziiert: das Neugeborene fürchte dabei um sein Leben. Dies gilt aber auch für die Gebärende, wie Browns Bild demonstriert. Auch sie durchläuft eine traumatische Grenzerfahrung, bei der ihr Körper zerrissen, in Stücke zerteilt und seine Konturen zu verlieren scheint. Zwar wirkt bei Brown der Gesichtsausdruck der Gebärenden ruhig und fokussiert, doch ihr gesamter Körper ist in Aufruhr, er ist das Material, aus dem sich die extrem dynamische, abstrakte Formensprache dieses Gemäldes speist.

Und statt den Geburtsakt auf eine rein physische Erfahrung zu reduzieren, wird an die geistige Dimension dieses Erlebnisses erinnert. Die Gebärende wirkt in sich ruhend und bei der Sache, ungerührt vom klassifizierenden Blick der Ärzte und von deren Festschreibungen. Sie durchlebt diesen gewaltvollen Vorgang letztlich allein, ist auf sich selbst zurückgeworfen und mit sich beschäftigt. Ihre Position auf diesem Bild ähnelt der der Analysandin auf der Therapiecouch, von deren Bereitschaft, an sich selbst zu arbeiten, es letztlich abhängt, ob die Therapie erfolgreich sein wird.

When looking at this painting, the eye is immediately drawn to the gaping brown hole in its center: a kind of anal maw that, at first glance, appears as a deep abyss but, upon closer inspection, reveals a delicately suggested female face. Behind this face, dynamic masses of flesh in shades of white, brown, and green pile up, extending horizontally across the entire surface and setting it in motion. It is as if Brown has reversed the experimental arrangement of Duchamp's *Étant donnés* (1946–1966) using a pictorial language reminiscent of Berthe Morisot's milky use of white and Willem de Kooning's "carnal action."

In Brown's work, the female genital exposed by Duchamp has been replaced by a delicately suggested female face, focusing on the physical labor of childbirth. In her earlier painting *Jicky* (2009–2010), the suggestion of birth remained rather abstract, whereas in *Focus Object*, a figure lying on her stomach – a "woman in labor" – is suggested with violent brushstrokes. But even with this inversion of Duchamp, the voyeurism of male experts turns out to be inescapable. The two "elders" in the background – bearded men's heads in profile resembling doctors or scholars – speak for this dynamic. They observe the woman giving birth from behind and have a privileged view of her vagina, hidden from the viewer.

Like Freud, these "elders" attempt to make sense of the seemingly untamable woman. Both Freud and Melanie Klein associated the birth experience with the initial fear of death: the newborn fears for its life. However, this fear also applies to the woman giving birth, as Brown's painting demonstrates. She undergoes a traumatic borderline experience where her body seems to be torn apart, losing its contours, expanding. Although her facial expression appears calm and focused, her entire body is in turmoil; it serves as material for the painting's dynamic, abstract formal language.

But rather than reducing childbirth to a purely physical experience, Brown calls to mind its spiritual dimension. The woman giving birth appears at peace with herself and the process, unaffected by the classifying gaze of the doctors. Her position in the painting resembles that of an analysand on the therapy couch, where the success of the therapy ultimately depends on her willingness to work on herself.

Charline von Heyl

Internal Object 2024

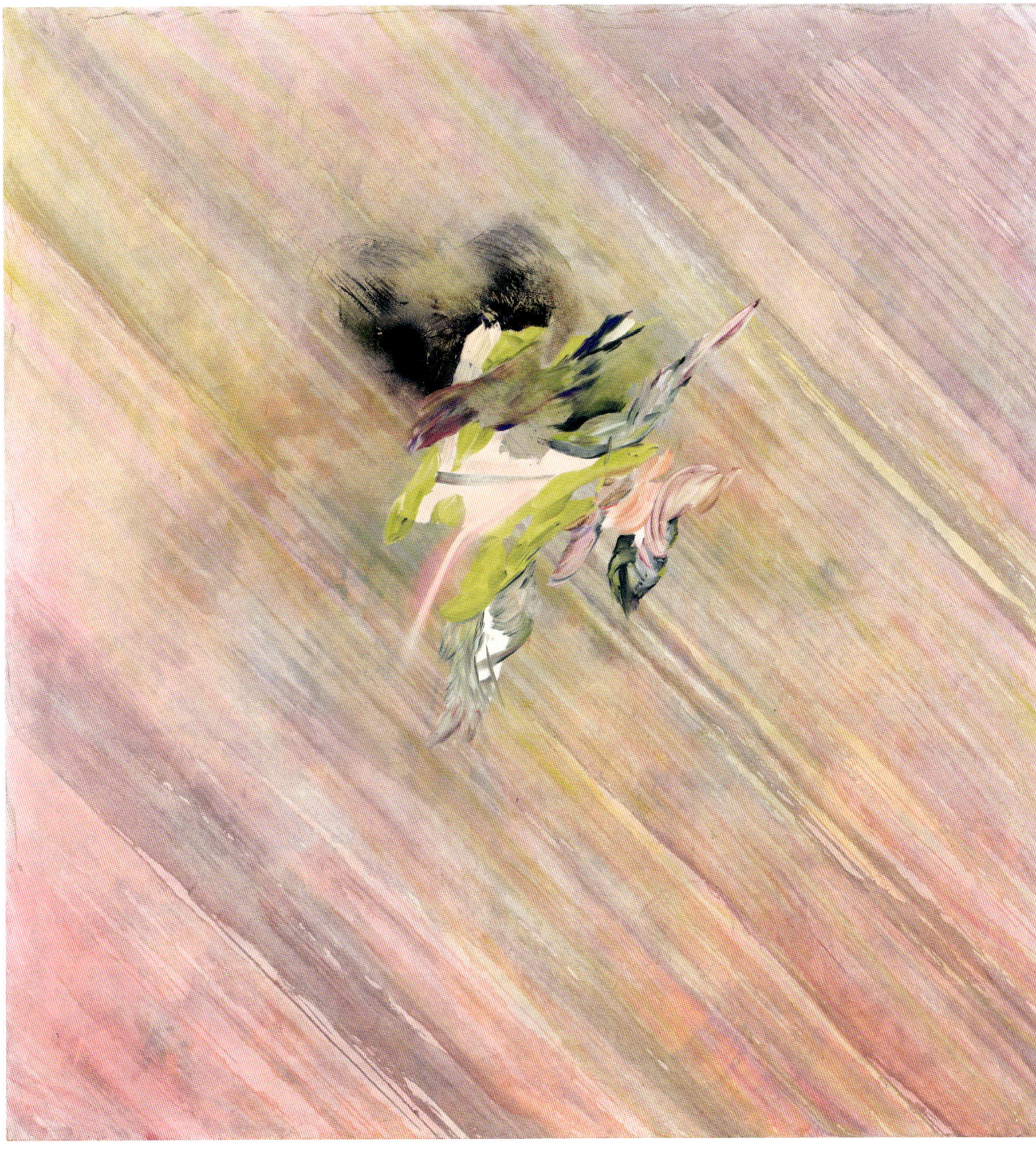

CHARLINE VON HEYL

Internal Object

Vom Beginn des Lebens an bestehen Melanie Klein zufolge Objektbeziehungen, wobei die Mutterbrust das erste Objekt ist, welches in „gut“ und „böse“ gespalten wird. In von Heyls *Internal Object* klingt diese ursprüngliche Spaltung des Objekts und unser affektives Verhältnis zu ihm an. Das signalisieren die seine gesamte Bildfläche überziehenden diagonalen Linien, die schon im Barock Gefühle transportierten. Auch durch den Einsatz von barocken Farben wie Rosa, Gelb, Blau und milchigem Weiß werden Affekte zugelassen und ausagiert. Die ausdrucksstarke, entschieden wirkende Pinselführung verweist ebenfalls darauf, dass das Bild eine Objektbeziehung zur Aufführung bringt.

Nach Klein sind diese Beziehungen durch Introjektion und Projektion gekennzeichnet, das heißt: Wir nehmen das Objekt in uns auf und projizieren es zugleich auf jemand anderen, um es loszuwerden. Innere Objekte und äußere Situationen wirken in unserer Psyche also aufeinander. Von Heyls Streifenbild hält den Eintritt der Außenwelt in unser psychisches Innenleben schon durch das aus ihm herausbrechende amorphe farbliche Gebilde malerisch fest. Denn dieser Störfaktor tritt aus dem Innen des Bildes hervor, um zugleich wie ein außerhalb von ihm liegender und irgendwie dreidimensional anmutender Fremdkörper zu wirken, der den Betrachter*innen entgegen geschleudert wird. Die Linien samt hervorquellender Farbmasse lassen an die Darstellung der Mutterbrust bei Melanie Klein denken, die ihr zufolge Nahrung spendet, sie dem Kind aber auch immer wieder vorenthält. Von Heyls Gemälde ist denn auch mit einer Art strahlenförmigem Milch-Ejakulat überzogen, und doch wirkt die Oberfläche irgendwie verfallen und schimmlig – sie ist lebendig und tot zugleich. Das Bild scheint mir deshalb über die Spaltung zwischen „guter“ und „schlechter“ Brust hinauszugehen, die laut Klein eine wichtige Rolle in unserer frühkindlichen Entwicklung spielt. Idealerweise schafft es das Kind irgendwann, das Spalten sein zu lassen und das auf das schlechte Objekt Projizierte zu integrieren.

Von Heyls Bild steht für diese Einsicht: Ein Objekt ist nie nur gut oder schlecht, es umfasst sowohl gute als auch schlechte Anteile. Obgleich das Aushalten von Ambivalenzen ein wichtiges Zeichen von psychischer Reife ist, verlässt uns doch der Drang zur Spaltung laut Klein niemals vollständig. Wir sind in unserem Leben immer wieder verführt, die von ihr so genannte „paranoid-schizoide Position“ einzunehmen. Dazu passt, dass sich in diesem Bild neben den „nährenden“ Suggestionen auch eine aggressive Komponente in Form des besagten dynamischen amorphen Gebildes findet. So als würde die freudsche Anerkennung der Existenz des Todestriebs jenseits des Lustprinzips malerisch aufgeführt. Auch wenn uns ein Gemälde wie das vorliegende intellektuelle Nahrung spendet und ästhetischen Genuss bereitet, hat es doch auch immer eine „dark flipside“. Im Grunde stellt dieses Bild die malerische Verkörperung der Ambivalenz dar. Auch Künstler*innen werden schließlich nicht nur von ihrer Libido, sondern auch von destruktiv-aggressiven Trieben geleitet. Und oft sehen sie ihre Objekte als ebenso liebens- wie hassenswert an. Es ist dieser Doppelcharakter der künstlerischen Objektbeziehung, der in diesem Gemälde zuletzt ebenfalls aufscheint.

According to Melanie Klein, object relations exist from the beginning of life, with the mother's breast being the first object to be split into "good" and "bad." Von Heyl's *Internal Object* echoes this original division of the object and our affective relationship to it. This is signaled by the diagonal lines that cover the entire surface of the painting, which had already served to convey emotions in the Baroque period. The use of Baroque colors such as pink, yellow, blue, and milky white further allows for and acts out emotions. The vigorous, apparently decisive brushwork also indicates that the painting stages an object relation.

Klein argued that these relationships are characterized by introjection and projection: we internalize the object and simultaneously project it onto someone else to rid ourselves of it. Inner objects and outer situations thus interact in our psyche. Von Heyl's striped painting captures the entry of the outside world into our psychic inner life through the appearance of an amorphous colored formation that seems to break out from the lines. This disruptive element emerges from within the painting, appearing like an external, three-dimensional foreign body hurled against the viewer. The combination of diagonal lines and the bursting mass of paint is reminiscent of Klein's depiction of the mother's breast, which provides nourishment but also withholds it from the child. The painting is covered with a kind of radiant milk ejaculate, yet the surface appears decayed and moldy – alive and dead at the same time. This painting seems to transcend the division between "good" and "bad" breast, which plays a crucial role in early childhood development, according to Klein. Ideally, the child eventually manages to let go of splitting and integrates the projections onto the bad object.

Von Heyl's image stands for this insight: an object is never purely good or bad but includes both good and bad parts. While such an endurance of ambivalence is a sign of psychological maturity, according to Klein, she also insists that the urge to split never completely leaves us. We are repeatedly tempted to adopt what Klein calls the "paranoid-schizoid position." This insight echoes in von Heyl's painting as well because in addition to its "nurturing" connotation it also contains an aggressive component, embodied by the dynamic, amorphous paint-formation mentioned above. It is as if the Freudian discovery of the existence of the death drive beyond the pleasure principle were demonstrated by painterly means. Because even if a painting like this provides intellectual nourishment and aesthetic pleasure, it also visibly has a dark flipside. One could thus say that this painting embodies ambivalence. And it points to how artists are guided not only by their libido but also by destructive-aggressive drives, often viewing their objects as both loveable and hateable. This dual character of the artistic object relationship is finally also revealed in this painting.

Brook Hsu
Study of Titian's Flaying of Marsyas
2024

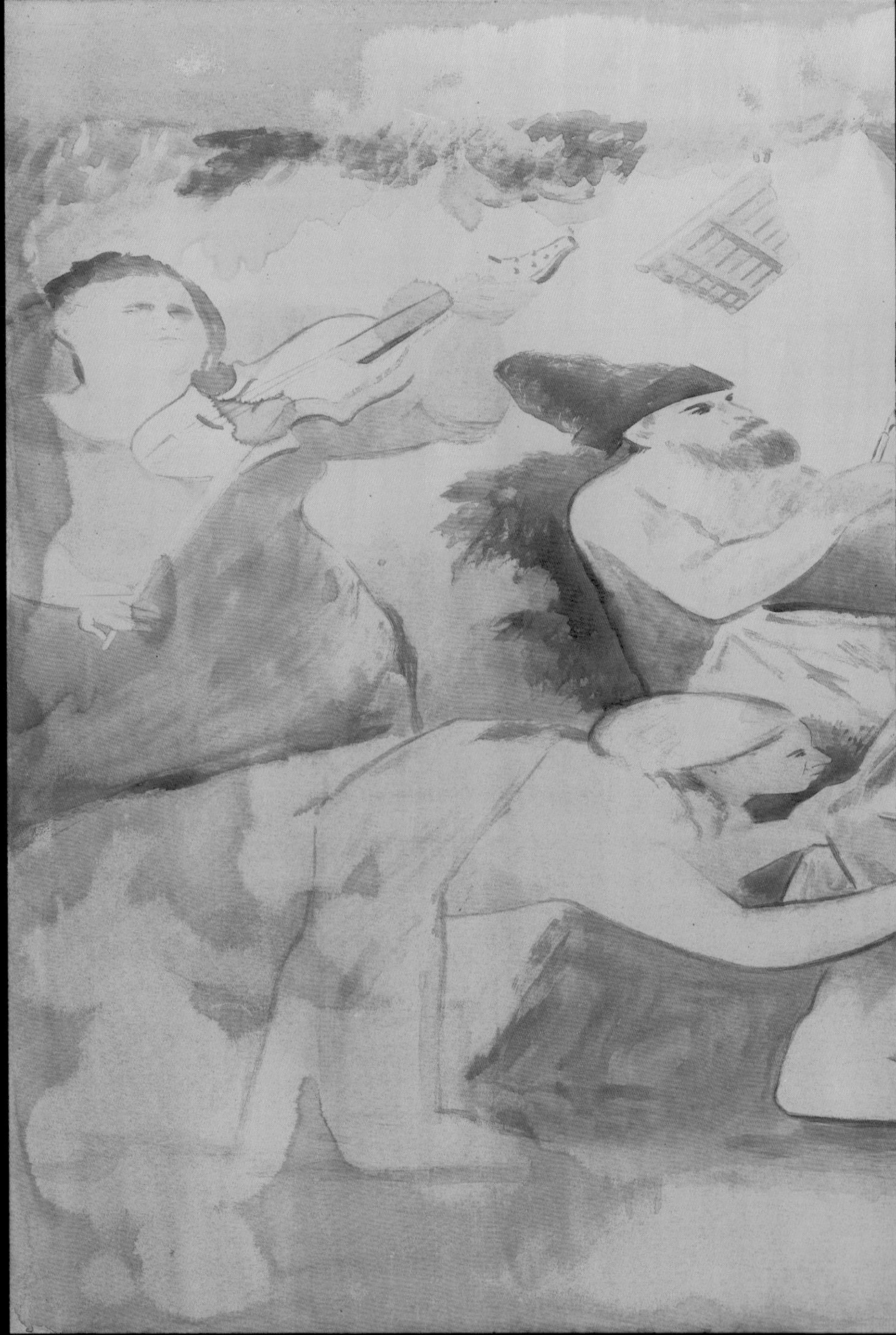

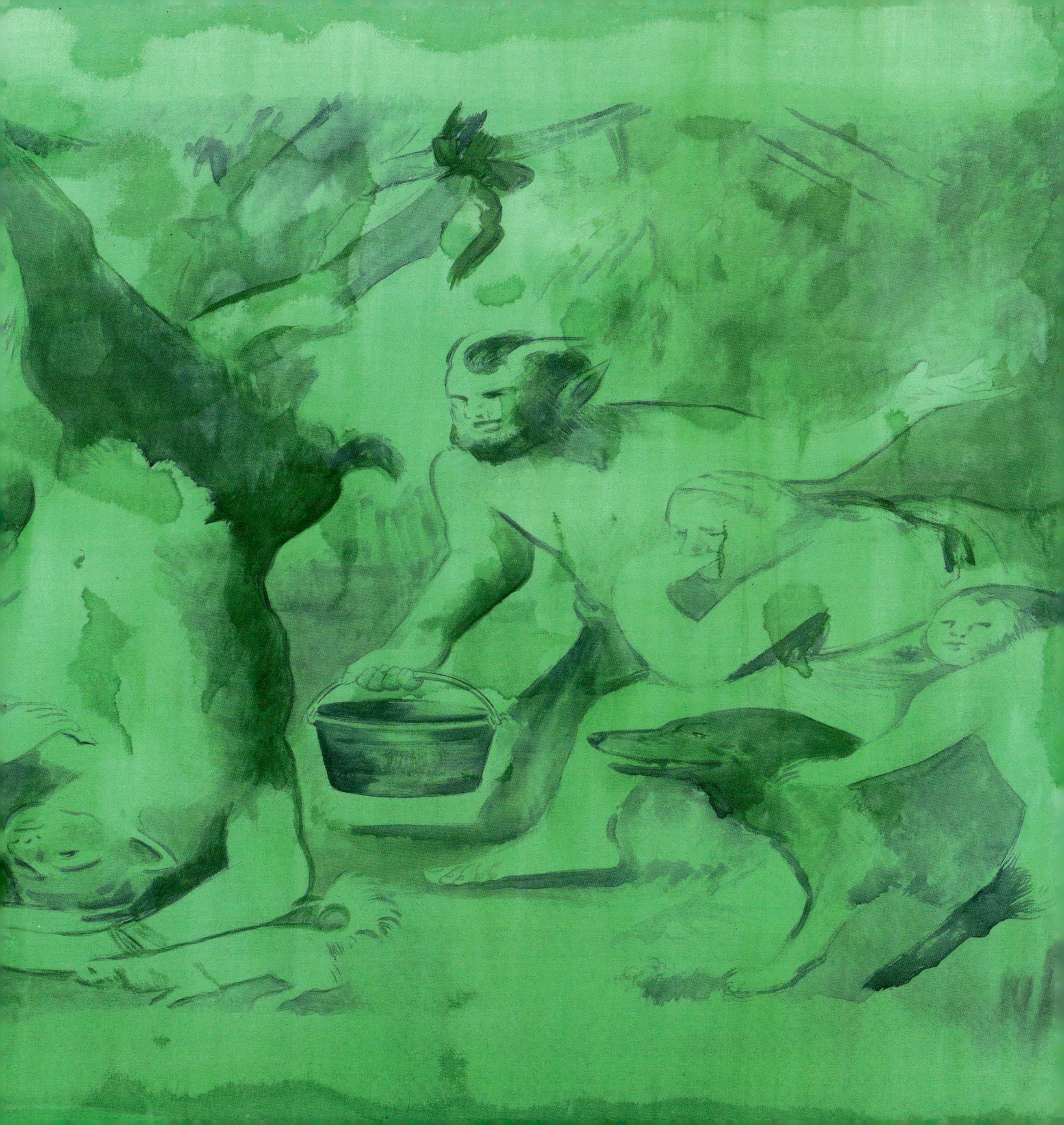

BROOK HSU
Study of Titian's Flaying of Marsyas

Es ist Tizians in düsteren Farben gemalte *Häutung des Marsyas* (1570–1576), die Hsu in ihrem grün-schwärzlichen Tuschbild aufgreift und aktualisiert. Der Legende nach wurde der Satyr Marsyas – halb Mensch, halb Ziegenbock – von Apollo für seine Hybris, seine mangelnde Demut bestraft. Marsyas wollte Apollo mit seinem Flötenspiel übertrumpfen und wurde als Strafe dafür von Letzterem gehäutet. Aus heutiger Sicht lässt sich der Marsyas-Mythos als Allegorie auf entfesselte Konkurrenzverhältnisse und Künstler*innen mit Omnipotenzfantasien lesen: Wer glaubt, seinen Rival*innen überlegen zu sein, wer nicht demütig seinem Material folgt, muss mit dem Schlimmsten rechnen.

Wie Tizian stellt auch Hsu Marsyas mit den Geißfüßen nach oben, also hängend dar. In dieser Welt, in der Mord und Totschlag regieren, scheint alles auf dem Kopf zu stehen. Während Apollo die Haut von Marsyas mit einem Messer sorgfältig abzieht, eilt ein weiterer Satyr mit einem Eimer herbei, um das Blut aufzufangen. König Midas, in der Kunstgeschichte oft als Stellvertreter Tizians interpretiert, wohnt bei Hsu dem makabren Treiben ebenfalls mit nachdenklicher Miene bei. In ihrer Bearbeitung von Tizians Vorlage hat Hsu jedoch wesentliche Änderungen vorgenommen: Sowohl Apollo als auch Midas weisen weichere, wenn nicht sogar weibliche Züge auf. Und dadurch, dass sie die blutige Szene in das für ihre Bilder charakteristische satte Grün taucht, scheint sich das Dargestellte zu verflüssigen – es wirkt leichter und konzeptueller. Das Malmittel Tusche trägt zusätzlich dazu bei, dass an die Stelle von Tizians dicht gemalter sadistischer Blutorgie eine gleichsam heruntergekühlte Versuchsanordnung tritt. Tatsächlich verleiht Hsus Grün dem mörderischen Treiben etwas Meditatives. Und trotz ihres Verzichts auf den Einsatz von Fleischfarben wirken ihre Figuren körperlich und wie von innen beleuchtet.

Schon bei Tizian mutete das von Apollo zur Häutung genutzte Messer wie ein Pinsel an. Hsus Messer lässt an einen Spachtel denken, so als sollte darauf hingewiesen werden, dass kreative Arbeit immer auf Kosten von etwas oder jemandem geht. Ohne aneignende Verfahren, die auch Hsus Malerei kennzeichnen, kann es keine künstlerische Praxis geben. Wobei es hier natürlich entscheidend ist, wer sich was in welcher Form aneignet.

Aus psychoanalytischer Sicht könnte man Tizians Gemälde als eine Auseinandersetzung mit der Macht des Todestriebs lesen – es zeigt destruktive Triebe in Aktion. Während Freud über die Bedeutung des Todestriebs nur spekulierte, sah ihn Melanie Klein als wesentlichen Impuls für die Strukturierung der kindlichen Psyche an. Wie schon bei Tizian wird auch in Hsus Bild eine mögliche Haltung angedeutet, mit der wir den in unserer Psyche wütenden Todestrieb zähmen können. Es ist die Figur des Midas – bei Hsu ein weiblich anmutendes Wesen – , die diese Haltung verkörpert. Midas beobachtet die sadistische Zerstörungswut der anderen und sieht sich zugleich angesichts des sterbenden Marsyas mit seinem/ihrem eigenen Tod konfrontiert. Statt jedoch aus Todesangst wild um sich zu schlagen, setzt er*sie sich mit der eigenen Sterblichkeit auseinander. Und die grundsätzlich ambivalenten Gefühle gegenüber anderen Menschen, die wir Klein zufolge hegen, scheint diese Figur zuzulassen, statt sich in Vernichtungsfantasien zu ergehen.

It is Titian's *The Flaying of Marsyas* (1570–1576), painted in gloomy hues, that Hsu takes up and updates in her green-blackish ink painting. According to the legend, the satyr Marsyas – half-man, half-goat – was punished by Apollo for his hubris and lack of humility. Marsyas, who attempted to outdo Apollo with his flute playing, was flayed by the latter as punishment. Today, the myth of Marsyas can be interpreted as an allegory of relentless competition and artists with fantasies of omnipotence: those who believe they are superior to their rivals and who do not humbly follow their material must be prepared for the worst.

Like Titian, Hsu depicts Marsyas with his goat feet up, hanging. In a world where murder and mayhem prevail, everything seems to be upside down. While Apollo carefully removes Marsyas' skin with a knife, another satyr rushes over with a bucket to collect the blood. King Midas, often seen as Titian's representative, also watches the macabre scene with a pensive expression in Hsu's work. However, Hsu has made significant changes in her adaptation: both Apollo and Midas display softer, even feminine features. The bloody scene, immersed in the lush green typical of Hsu's paintings, appears lighter and more conceptual. The usage of ink further contributes to a cooler, experimental set-up compared to Titian's densely painted sadistic orgy of blood. In fact, Hsu's green imparts a meditative quality to the murderous scene, and despite the absence of flesh tones, her figures appear corporeal and as if illuminated from within.

Even in Titian's work, Apollo's knife resembled a slim painter's brush. Hsu's knife, reminiscent of a spatula, suggests that creative work always comes at the expense of something or someone else. Without a certain degree of appropriation, central to Hsu's painting, there would be no artistic practice. But, of course, the question remains as to who appropriates what, and by which appropriative procedures.

From a psychoanalytical perspective, Titian's painting could be read as an exploration of the power of the death drive, depicting destructive impulses in action. While Freud only speculated about the significance of the death drive, Melanie Klein considered it an essential feature in the structuring of the child's psyche. But Hsu's painting, like Titian's, also hints at an attitude with which we can tame the power of the death drive within our psyche. In Hsu's work, it is the figure of Midas – portrayed with feminine traits – who embodies this stance. Midas observes the sadistic destructiveness of others while facing his/her own mortality in the presence of the dying Marsyas. Instead of lashing out due to his persecutive fear, Midas comes to terms with mortality. Viewed through Klein's eyes, this figure allows for the ambivalent feelings that we harbor toward others and refrains from indulging in fantasies of annihilation.

Sanya Kantarovsky
Narrowing II 2024

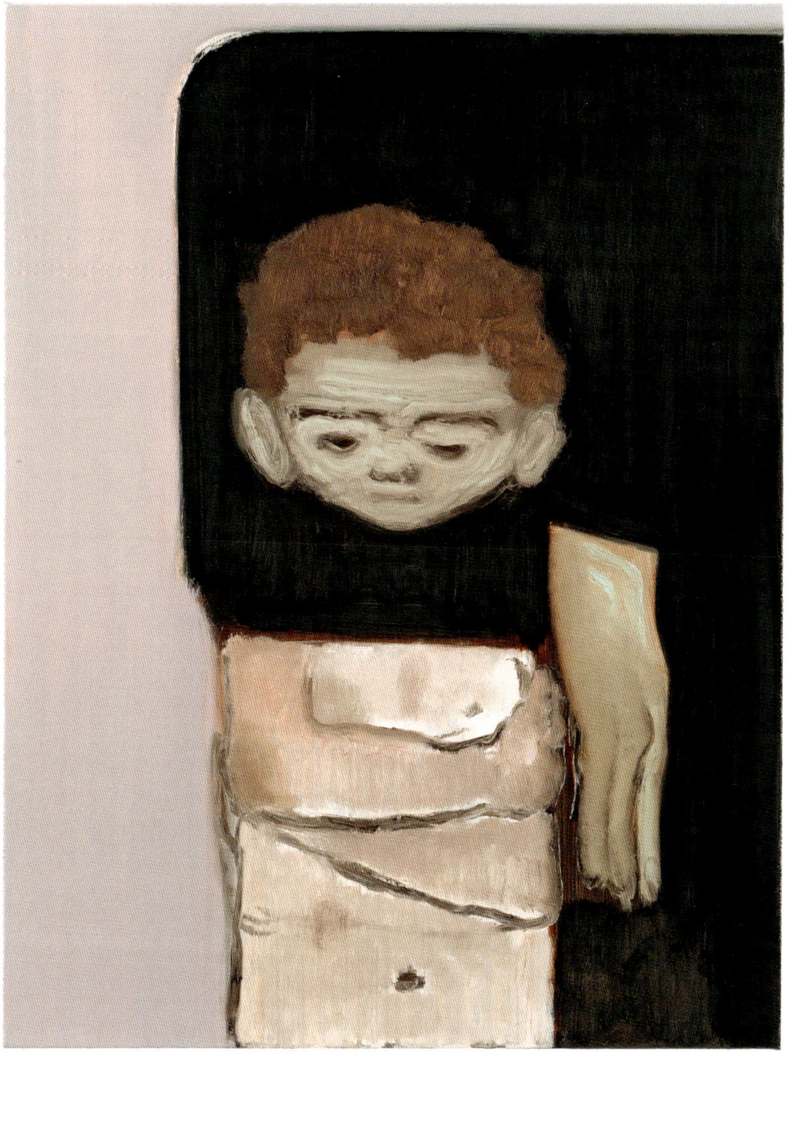

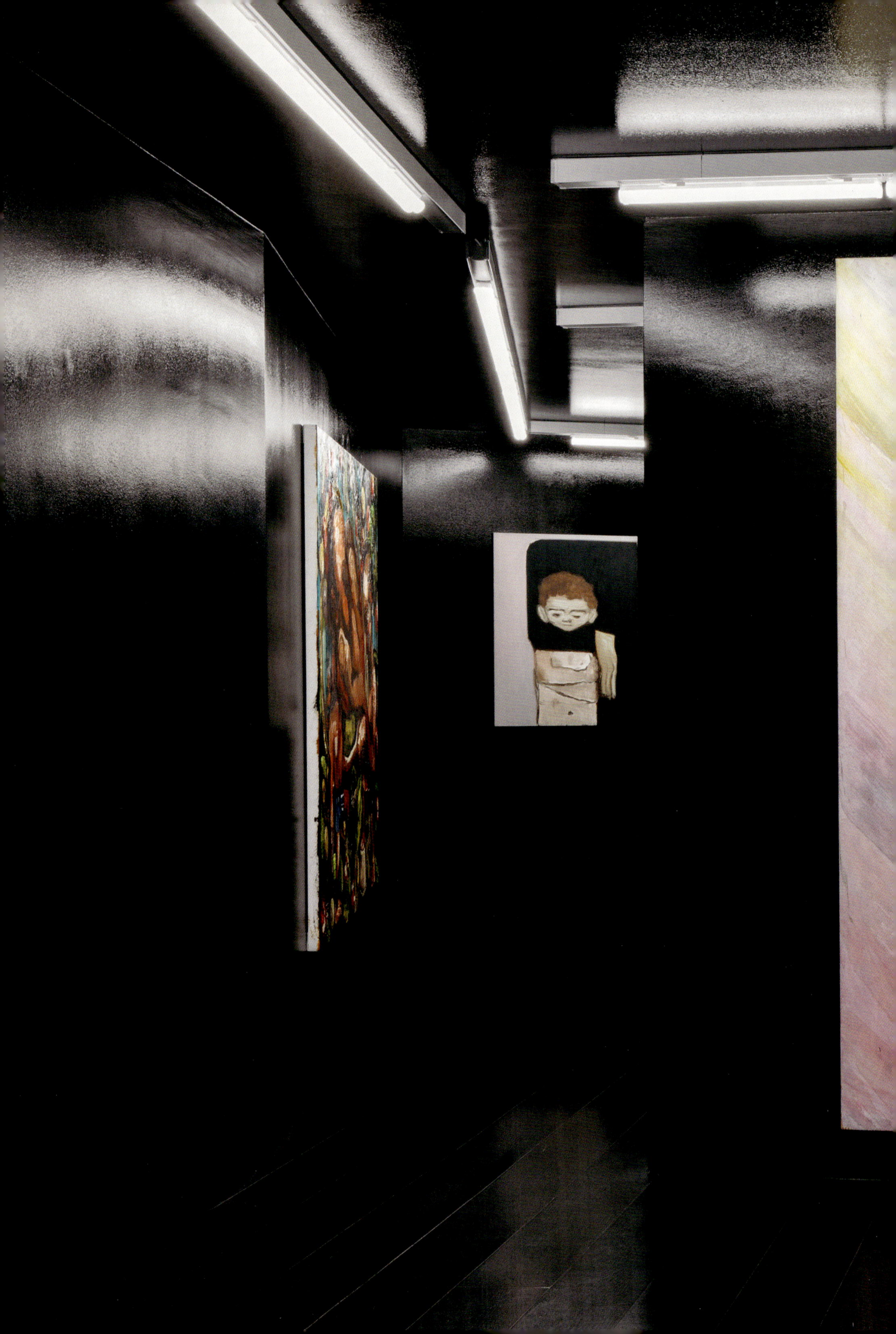

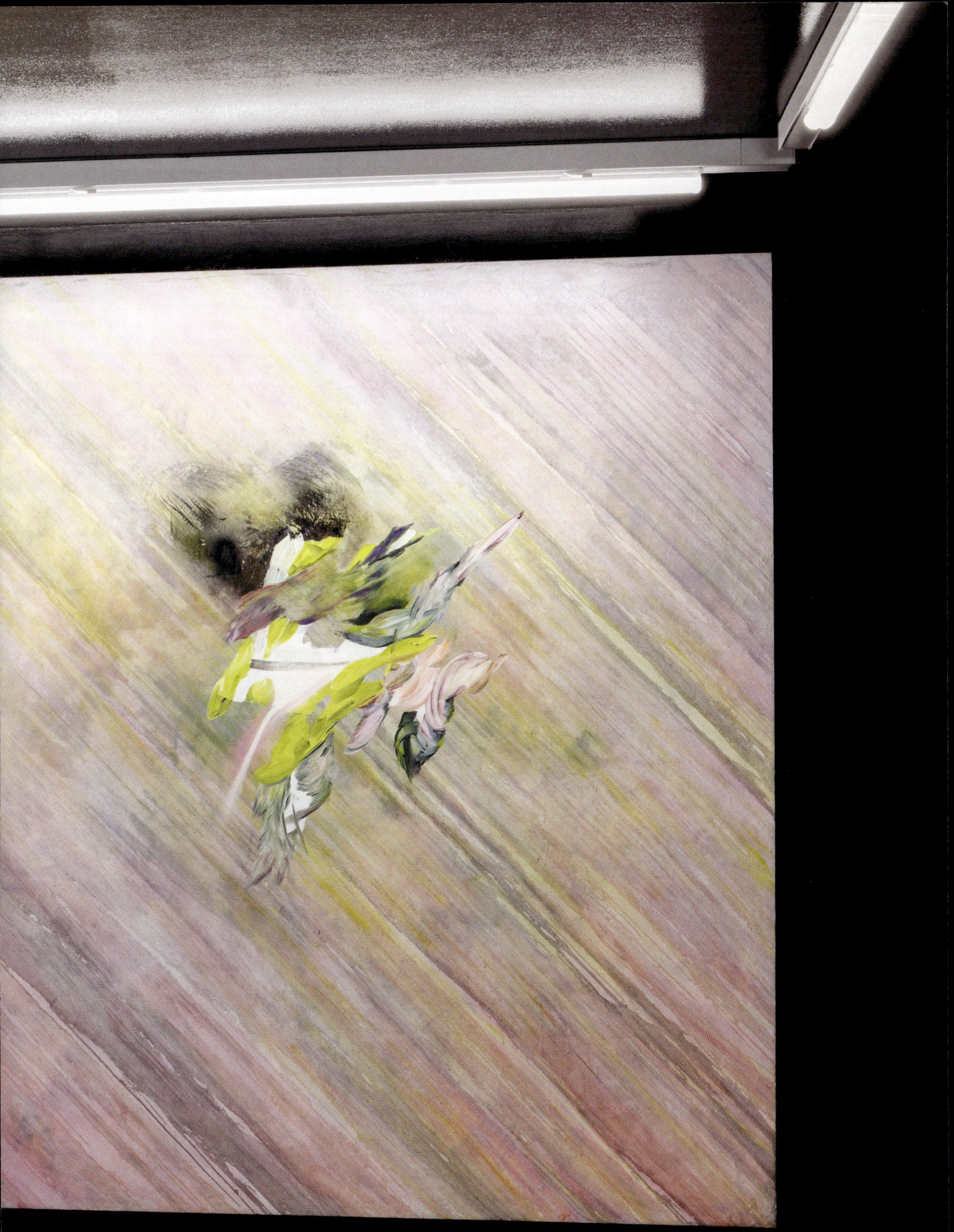

SANYA KANTAROVSKY

Narrowing II

Narrowing II sticht aus Kantarovskys Œuvre hervor, denn es gehört zu den wenigen Bildern, von denen mehrere Varianten (in diesem Fall zwei) existieren. Das Bild zeigt einen kleinen Jungen mit pastos-weißlichem Gesicht und gesenktem Blick, der von einer erwachsenen Person festgehalten bzw. umklammert wird. Die erste Version *Narrowing* (ebenfalls 2024) wurde im Rahmen von Kantarovskys Ausstellung *Teachers and Students* in der Galerie Modern Art in Paris noch im Sommer des Entstehungsjahres gezeigt. Die Ausstellung bezog sich auf Honoré Daumiers Lithographie-Serie *Professeurs et moutards* (1846). Während Daumier seine „Knirpse“ als unbelehrbar und störrisch darstellte, gestaltet sich das Verhältnis zwischen „Teachers“ und „Students“ bei Kantarovsky komplizierter.

Schon der fleischige Roséton, der in *Narrowing II* an die Stelle des dunkelgrünen Hintergrunds der ersten Version getreten ist, verweist auf die Ambivalenz der dargestellten Szene: Trotz der offensichtlichen Brutalität des Geschehens wirkt sie durch diesen Farbauftrag irgendwie zart und fragil. Wie schon in der ersten Version wird die erwachsene Autoritätsfigur ohne Kopf dargestellt. Zu sehen ist nur ihre Körpermitte, angedeutet in Form einer satt-monochromen schwarzen Fläche, und einer übergroß wirkenden Hand, die sowohl schützend als auch bedrohlich und einengend auf dem Körper des Jungen ruht. Der Arm dieses „Teachers“ scheint das Kind je nach Betrachtungsweise fürsorglich zu umfassen oder zu würgen. Man fühlt sich unweigerlich an die Einsicht von Melanie Klein erinnert, dass das ödipale Entwicklungsstadium im Zeichen des Sadismus steht. Denn dieser Junge wirkt gequält. Mit seinen verschränkten Armen scheint er zu versuchen, seinem „Teacher“ passiven Widerstand entgegenzubringen, und ist ihm doch zugleich – mit Blick auf seinen nackten Oberkörper – hilflos ausgeliefert.

In diesem Bild scheint also das Wesen der Objektbeziehung nach Klein auf. Ihr zufolge richtet das Kind einen Teil seines Selbsthasses gegen die Mutter bzw. gegen den*die Caretaker*in. Und Letztere*r kann seine*ihre unumschränkte Macht über das Kind durchaus genießen, die Möglichkeit, seine*ihre Aggressionen an ihm auszuleben. Denn Aggressivität ist laut Klein aufs Engste mit dem Erleben von Kraft, Potenz, Stärke, Wissen und vielen anderen „wünschenswerten Qualitäten“ verbunden. Das bedeutet, dass Aggressionen auch die Triebkraft künstlerischer Arbeit sind und damit auch in der Entstehung dieses Gemäldes eine Rolle spielten. Kantarovskys *Narrowing II* demonstriert demnach, wie eng aggressive und libidinöse Impulse miteinander verwoben sind. Im Wunsch, andere zu beschützen, schwingt eine aggressive Kontrollsehnsucht mit, und jede sadistische Umklammerung birgt umgekehrt auch ein zärtliches Moment.

Narrowing II stands out in Kantarovsky's oeuvre as it represents one of the rare instances of seriality. The artist has, in fact, created two versions of it. The painting depicts a young boy with a pasty-white face, eyes downcast, being held or grasped by an adult. The first version, *Narrowing* (also 2024), was exhibited during Kantarovsky's show *teachers and Students* at the gallery Modern Art in Paris in the summer of its year of origin. The exhibition referenced Honoré Daumier's lithograph series *Professeurs et moutards* (1846). While Daumier portrayed his boys as unteachable and obstinate, the relationship between "teachers" and "students" in Kantarovsky's work is more complex.

The fleshy pink tone replacing the dark green background of the first version in *Narrowing II* points to the ambivalence of the depicted scene: despite the apparent brutality of the event, this application of color somehow renders it delicate and fragile. As in the first version, the adult authority figure is depicted without a head. Only their torso is visible, hinted at in the form of an opaque monochrome black surface, and an oversized hand, which rests protectively yet threateningly and restrictively on the boy's body. Depending on the viewpoint, the arm of this "teacher" seems to either lovingly embrace or strangle the child. One is inevitably reminded of Melanie Klein's insight that the oedipal stage is marked by sadism because this boy appears tormented. With his crossed arms, he seems to resist passively against his "teacher," yet, considering his bare upper body, he is also helplessly at his teacher's mercy.

The painting thus appears to embody the essence of object relations. According to Klein, the child directs some of its self-hatred towards the mother or caregiver. And the latter might enjoy unrestricted power over the child, the opportunity to act out aggression towards it. Following Klein, aggression is closely linked to the experience of strength, potency, power, knowledge, and many other "desirable qualities." This means that aggression is also the driving force behind artistic work and thus might have played a role in the creation of this painting. Kantarovsky's *Narrowing II* therefore demonstrates how closely aggressive and libidinal impulses are intertwined. In the desire to protect others, there is a longing for aggressive control, and every sadistic embrace also contains a tender element.

Valentina Liernur

R. with red hat, plastic glass, calendar and notebook 2024

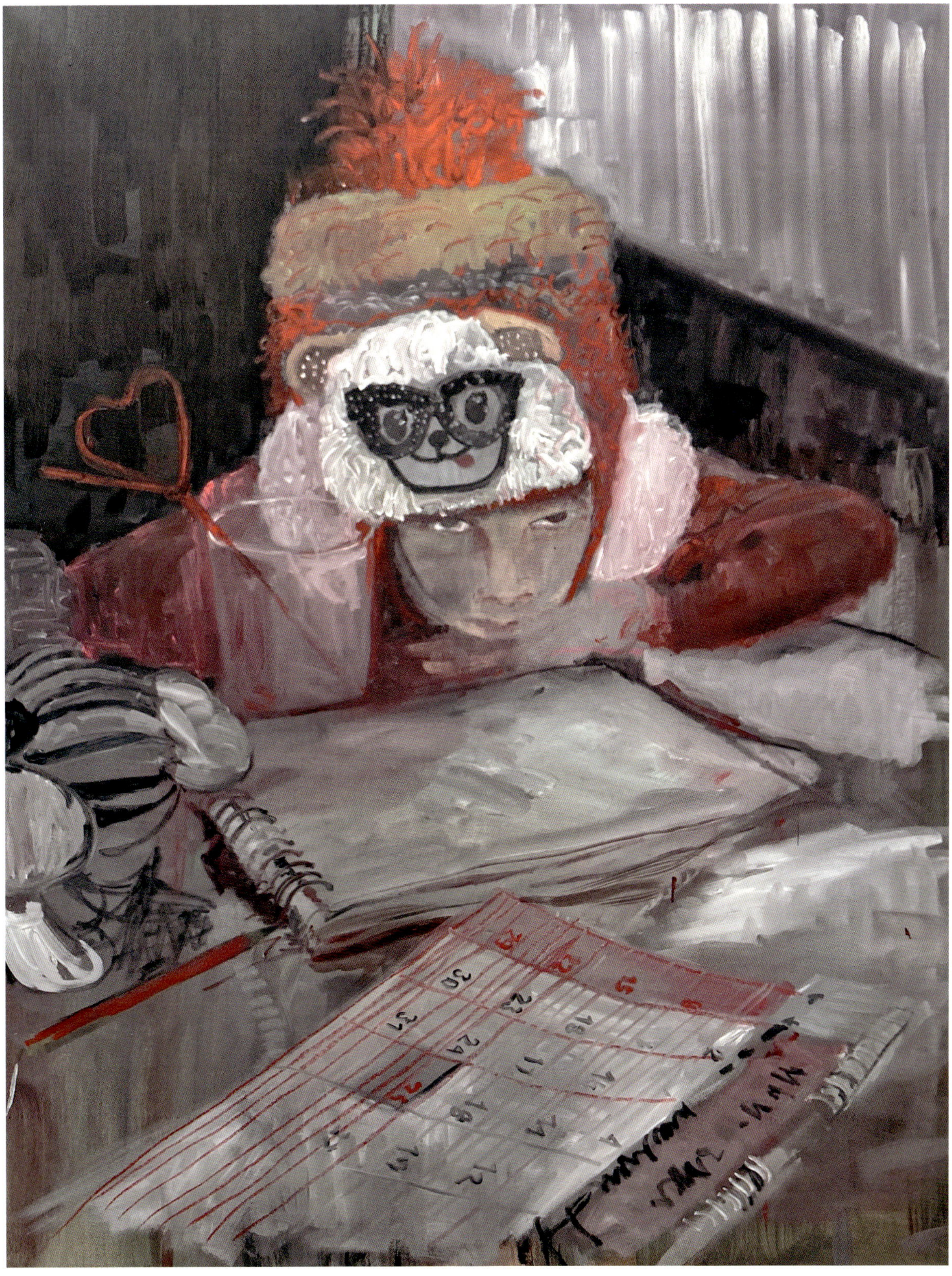

VALENTINA LIERNUR

R. with red hat, plastic glass, calendar and notebook

Dieses Portrait, das mit sämigen Pinselstrichen in dunklen Grau- und Rottönen gemalt wurde, ist der Fluchtpunkt unterschiedlicher Objektbeziehungen. Seine zentrale Figur, ein Kind, wird von mehreren Objekten flankiert: Es sitzt an einem Tisch und trägt eine überdimensionierte rote Mütze mit einem Hundegesicht-Motiv. Ein auf dem Tisch stehender Plastikbecher mit herzförmigem rotem Umrührer sowie ein Notizbuch und ein Kalender stehen für Objekte, mit denen wir der Psychoanalytikerin Melanie Klein zufolge im Zuge unseres Subjektivierungsprozesses in Beziehung treten.

Man könnte sagen, dass das auf dem Tisch liegende Notizbuch auf die Bedeutung von Speichermedien für die Aneignung von Wissen verweist. Der davor liegende Kalender bringt den unerbittlichen Takt der Zeit ins Spiel, dem alle Subjekte unterworfen sind. Auch das dargestellte Kind hat offenkundig verplante Tage und muss sich an Termine halten. Zuletzt klingt die Beziehung des Kindes zu seiner Mutter in diesem Bild an, denn das unmittelbar neben ihm stehende Trinkglas steht hier stellvertretend für die nährende Brust, die laut Klein die Urszene für all unsere Objektbeziehungen abgibt.

Zudem hat Liernur in diesem Bild die eigene Tochter Romana portraitiert. Die dargestellte Szene mutet allerdings keineswegs idyllisch an, im Gegenteil: Romanas Gesichtsausdruck wirkt etwas trotzig, so als würde sie sich der Erledigung ihrer Hausaufgaben verweigern. Auch ihre Körperhaltung mit dem auf Tisch und Händen abgestützten Kopf signalisiert etwas Verschlossen-Aggressives, wodurch die für Klein so zentrale Bedeutung der Aggression im Seelenleben des Kindes malerisch festgehalten wird. Klein hat der Aggression nicht nur einen höheren Stellenwert beigemessen als Freud, sondern auch gezeigt, dass noch in der projektiven Identifikation mit den Anderen ein aggressives Moment mitschwingt. Objektbeziehungen wie die zwischen Mutter und Kind sind demnach ohne Aggressionen nicht zu haben. Die lustvoll-abstrakt gemalten Zonen in diesem Gemälde demonstrieren jedoch, dass nicht nur destruktive, sondern auch libidinöse Triebe in unserer Psyche wirken.

This portrait, rendered with creamy brushstrokes in dark shades of gray and red, serves as the vanishing point of various object relations. It's central figure – a child – is surrounded by several objects: seated at a table, the child wears an oversized red hat featuring a dog's face motif. On the table, there is a water mug with a heart-shaped red stirrer, a notebook, and a calendar – things that stand for those objects that we relate to in the course of our subjectivation process, as per Melanie Klein.

The notebook might signify the importance of storage media for knowledge acquisition, while the calendar underscores the relentless march of time. Clearly, even the depicted child has schedules and appointments to keep. The drinking glass, positioned next to the child, evokes the nourishing breast, which Klein posits as the primal scene for all object relationships, echoing the child's relationship with its mother or carer.

In this context, it should be mentioned that the artist has depicted her own daughter, Romana, in this painting. However, the scene is far from idyllic. If anything, Romana's expression appears somewhat defiant, as if she is refusing to do her homework. Her posture, with her head propped on her hands, conveys a sense of being closed off and slightly aggressive. This portrayal aligns with Klein's emphasis on the importance of aggression in a child's emotional life. Klein argued that aggression plays a significant role in the projective identification with others, suggesting that relationships, such as that between mother and child, are intertwined with aggression. Yet, the pleasurably abstract zones in the painting suggest that not only destructive but also libidinous drives are at work in our psychic life.

Dana Schutz
Feeling Feeling 2024

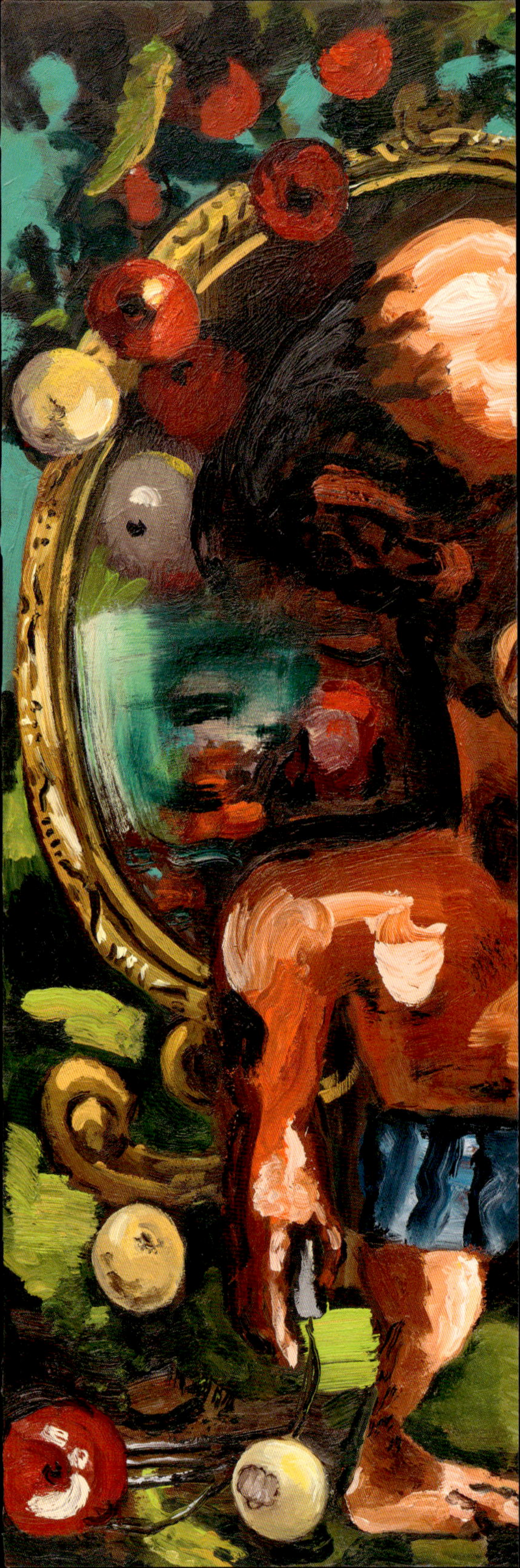

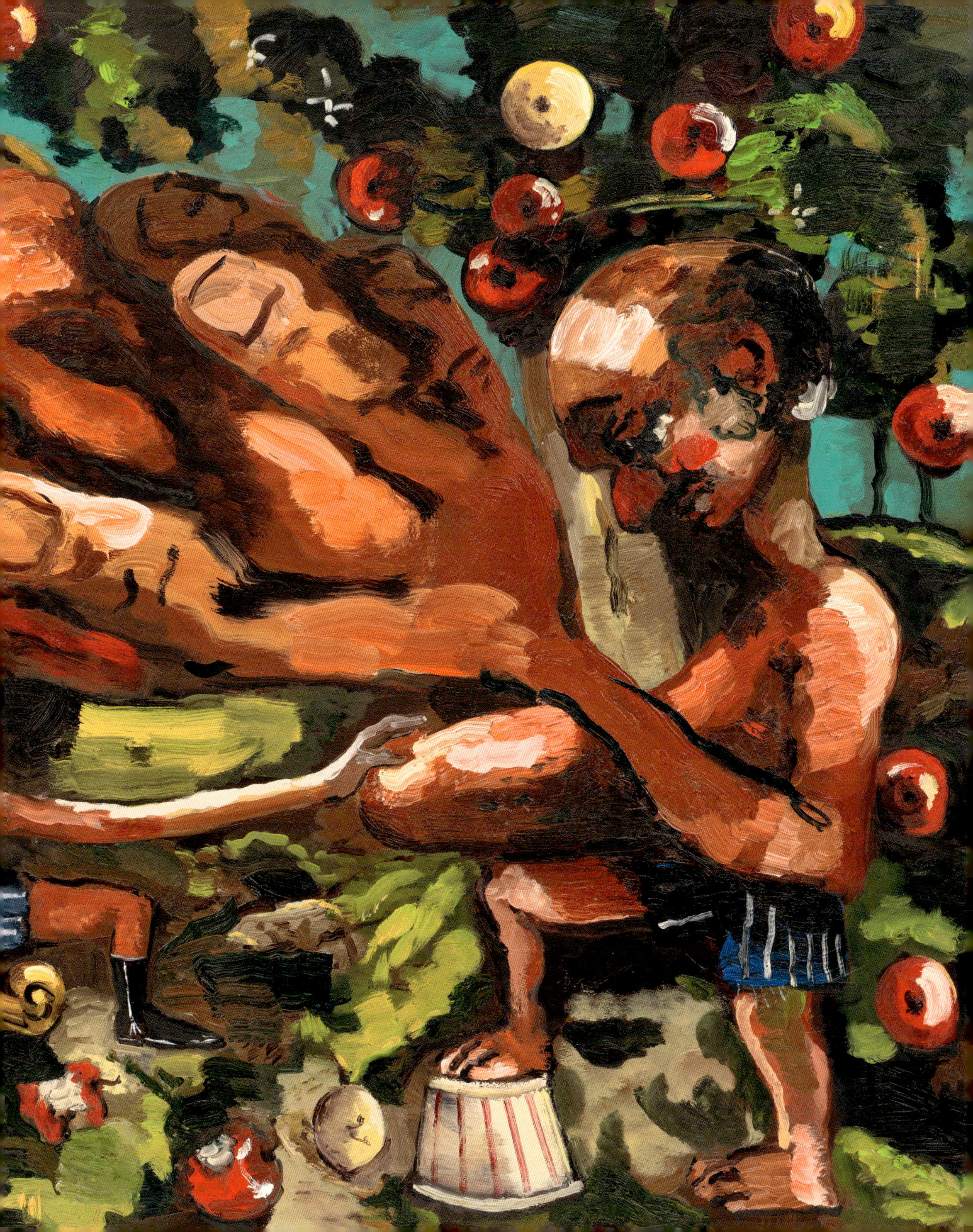

DANA SCHUTZ

Feeling Feeling

Die „Mother Position" im Titel dieser Ausstellung muss natürlich nicht zwingend von biologischen Müttern eingenommen werden, dafür kommen auch Väter, Adoptiv- oder Pflegeeltern und andere Caretaker*innen infrage. In *Feeling Feeling* von Dana Schutz nehmen zwei männlich anmutende Figuren in kurzen, blau-weiß-gestreiften Hosen diese Position ein, wobei die eine Gestalt auch das Spiegelbild der anderen sein könnte. Wie so oft bei Schutz kommt es zu einer extremen malerischen Betonung der Fleischlichkeit der Körper, und durch ihre überproportionierten Köpfe und Hände strahlen die Figuren etwas grotesk Überzeichnetes und Monströses aus. Ihre nackten Oberkörper verweisen zudem auf die für männliche Künstler wie Pablo Picasso oder Martin Kippenberger charakteristischen „virilen" oder Virilität ironisierenden Selbstinszenierungen.

Dass Schutz ihre Figuren in einem üppig-bukolischen Garten Eden platziert, lässt an eine biblische Szene denken, zumal auch die die äußere Bildfläche überziehenden roten Äpfel à la Cézanne den Sündenfall ins Spiel bringen. Nur dass an die Stelle der Eva hier zwei Männer treten, die miteinander interagieren und etwas austauschen, das wie ein Fleischklumpen oder ein Bündel aussieht. Worum es bei dieser Transaktion geht, bleibt jedoch im Dunkeln. Möchte der eine dem anderen das Bündel (ein Kind?) wegnehmen? Oder ist es ganz anders und sie versuchen, sich dieses wie eine Extension ihres Körpers aussehende fleischige Teil gegenseitig zuzuschieben?

Die gemalten Objekte im Bild – das Zirkus-Podium, auf der die eine Figur steht, sowie die einem Pinsel nachempfundene Peitsche, die die andere Figur in der Hand hält – symbolisieren die Spannung zwischen häuslicher Care-Arbeit und der malerischen Produktion im Atelier. Wer darf malen, und wer muss mit dem Kind spielen? Der im Hintergrund angedeutete Spiegel samt Rahmen unterstreicht das Projektive und malerisch Vermittelte dieser Szene. Das hier Dargestellte darf keinesfalls für bare Münze genommen werden. Im Gegenteil: Die zentrale Einsicht von Melanie Klein, dass wir die Anderen niemals erkennen können, weil unsere Wahrnehmung von ihnen durch Projektionen verzerrt ist, klingt auch bei Schutz an. Ihre Figuren sind sichtbar projektive Fantasien, auch wenn sie zugleich auf tatsächlich Erlebtes zurückgehen.

The “mother position” in the title of this exhibition need not be occupied solely by biological mothers; fathers, adoptive or foster parents, and other caretakers can also take this position. In *Feeling Feeling* by Dana Schutz, two male-looking figures in short, blue and white striped pants seem to assume this role. One figure might even be the mirror image of the other. As is often the case in Schutz’s pictorial language, there is an intense painterly emphasis on the carnality of the bodies, with disproportionate heads and hands giving the figures a grotesque, even monstrous appearance. Their bare upper bodies evoke the self-presentations of male artists such as Pablo Picasso or Martin Kippenberger, characterized by virile poses or poses that mock virility.

Schutz places her figures in a lush, bucolic Garden of Eden, reminiscent of a biblical scene. The red apples adorning large parts of the surface of the painting, in the style of Cézanne, evoke the Fall of Man. Here, however, Eve is replaced by an interaction of two male figures, exchanging what appears to be a lump of flesh or a bundle. The nature of this transaction remains ambiguous. Is one figure taking the bundle (a child?) from the other, or are they pushing this fleshy part, which seems like an extension of their bodies, towards each other?

The painted objects – a circus prop on which one figure stands and a whip resembling a paintbrush held by the other – symbolize the tension between domestic care work and artistic labor. Who is allowed to paint, and who must play with the child? The mirror and frame indicated in the background underscore the projective and painterly mediated nature of the scene, suggesting that it should not be taken at face value. On the contrary: Schutz’s painting reflects Melanie Klein’s central insight that we can never truly know another person because our perception is highly distorted by projections. Schutz’s characters are visibly projective fantasies, even if they are also based on actual lived experiences.

Tschabalala Self
Positioned 2024

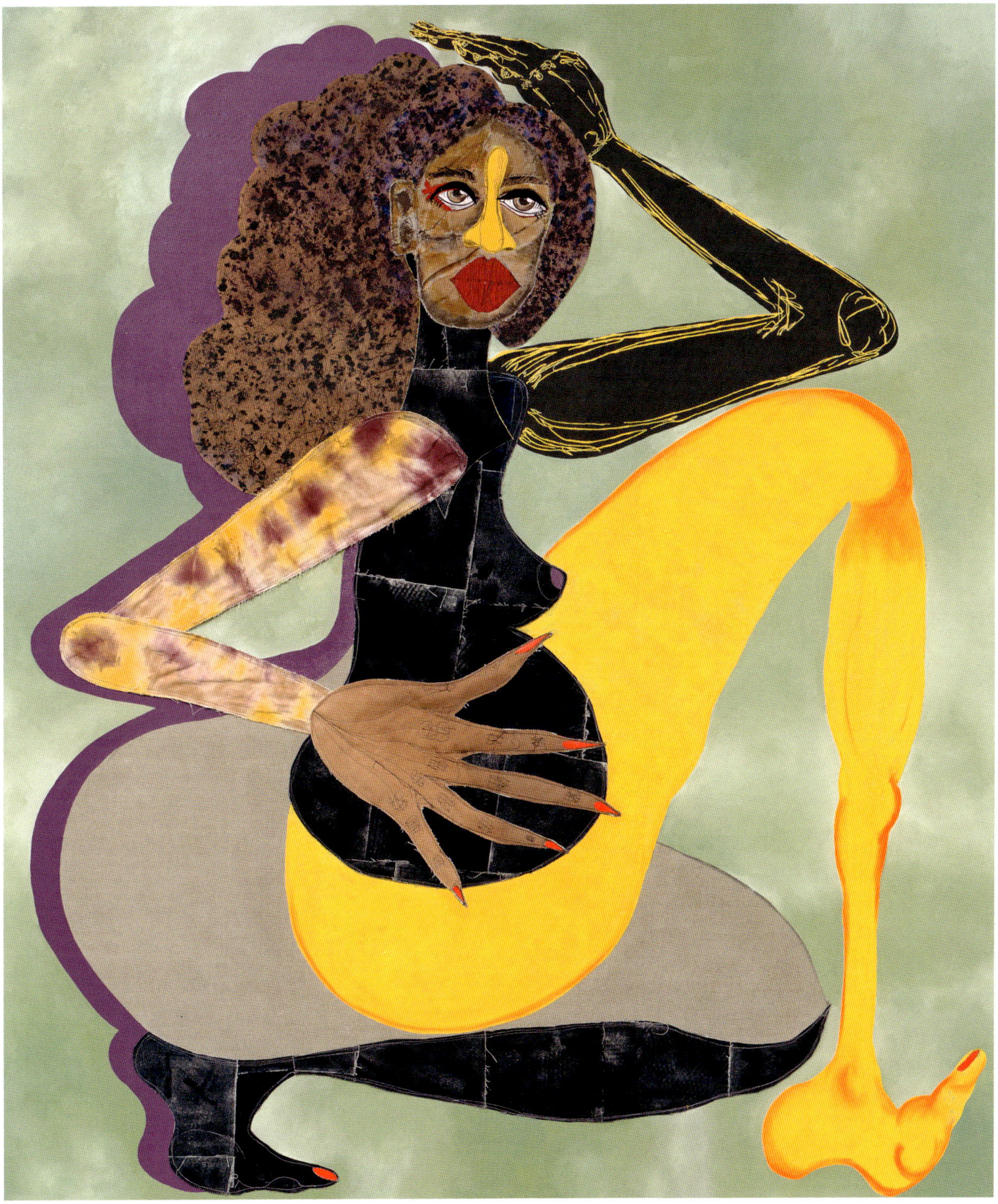

TSCHABALALA SELF
Positioned

Die Figuren in Tschabalala Selfs Bildern sind weniger als Darstellungen von konkreten Personen denn als figurativ-körperlich anmutende Abstraktionen zu verstehen. Klischees, etwa über den Körper der Schwarzen Frau, werden bei Self in rhetorische Tropen überführt und zurückgespiegelt. Bei dem vorliegenden Gemälde einer hockenden weiblichen Figur, die ihr Gesicht frontal den Betrachter*innen zuwendet und vor einem Hintergrund in wolkiger grüner Farbe posiert, handelt es sich einmal mehr um eine Collage, die sich aus monochromen Farbzonen, bemalter Leinwand und Stoffen zusammenfügt. Das Bild sendet visuelle Signale für die Trope „schwangere Schwarze Frau“ aus, und zwar in Form des ausladenden Gesäßes dieser Figur, ihrer Afro-Frisur und ihres mit blauem Stoff angedeuteten, rundlichen Bauchs. Dafür, dass diese Figur in „anderen Umständen“ ist, spricht auch ihre Gestik: Wie für schwangere Frauen charakteristisch hält sie ihre Hand – bei Self überdimensional gezeichnet und mit orangenen Gelnägeln versehen – schützend über ihren Bauch. Zudem erinnert ihre Hockposition an den Geburtsvorgang.

Dass sich Selfs Figur sichtbar aus mehreren Teilen zusammensetzt, lässt nicht nur an die surrealistische Collage, sondern auch an den psychoanalytischen Glauben an den Einfluss von sadistischen Fantasien auf die Psyche des Kleinkindes denken. Melanie Klein spricht in diesem Zusammenhang von der frühkindlichen Fantasie eines zerrissenen oder zerschnittenen Elternteils. Nur wird diese projizierte „Zerrissenheit“ bei Self in ein intaktes Ganzes transformiert, das mehr ist als die Summe seiner Teile. Die Fragmentierung dient hier der Produktion von etwas Einheitlichem und Starkem.

Wie so oft bei Self kommen auch in diesem Bild Textilien wie farbgebende Paletten zum Einsatz und Nähte nehmen die Funktion von gezeichneten Linien ein. Self malt mit der Nähmaschine, wie sie kürzlich erklärte. In Anlehnung an Künstlerinnen wie Louise Bourgeois oder Faith Ringgold wird dadurch die reproduktive Arbeit – traditionell weiblich konnotiert und unterbezahlt – zu produktiver Arbeit erklärt und ästhetisch nobilitiert. Im Kontrast zu den ausladenden Rundungen des weiblichen Körpers dieser Figur steht ihr kubistisch anmutendes und ebenfalls aus Textil- und Farbzonen zusammengesetztes Gesicht mit großen, weit geöffneten Augen, die aus dem Bild heraus ins Leere zu starren scheinen. Offenbar lässt sich diese Figur nicht auf die Kategorie „werdende Mutter“ reduzieren. Zwar nimmt sie diese Position ein, doch zugleich ist sie, wie ihr Gesichtsausdruck signalisiert, auch mit anderen Dingen befasst. So sehr schwangere Frauen auf ihren körperlichen Zustand reduziert werden, gehen sie doch nicht darin auf. Dass diese Figur ein Kind austrägt, stellt nur einen Aspekt ihrer Persönlichkeit dar. Mehr noch: Sie nimmt die Position der schwangeren Frau ein und tritt dieser Positionierung zugleich entgegen.

The figures in Tschabalala Self's paintings are less depictions of specific people than figurative, bodily abstractions. Clichés, particularly those about the Black woman's body, are transformed into rhetorical tropes and reflected back on the viewer. The present painting of a crouching female figure, facing the beholder against a cloudy green background, is a collage composed of monochrome color zones, painted canvas, and fabrics. This image evokes the trope of the "pregnant Black woman" through the figure's protruding buttocks, Afro hairstyle, and rounded belly indicated by blue fabric. Her gestures also suggest "expectancy": characteristic of pregnant women, she holds her hand – drawn oversized by Self and adorned with orange gel nails – protectively over her belly. The squatting position further evokes the birth process.

The visibly composite nature of Self's figure recalls not only the history of surrealist collages but also the psychoanalytic belief in the influence of sadistic fantasies on the psyche of young children. Melanie Klein speaks of early childhood fantasies that revolve around the image of a torn or cut-up parent. However, in Self's work, this projected "fragmentation" is transformed into an intact whole that is greater than the sum of its parts. Fragmentation here serves to produce something unified and strong.

As in much of Self's work, textiles in this painting function as color palettes, and seams take on the role of drawn lines. Self paints with a sewing machine, as she recently stated. Following the path of artists like Louise Bourgeois and Faith Ringgold, reproductive labor – traditionally connoted as female and underpaid – is thereby declared productive and aesthetically elevated. Contrasting with the sweeping curves of the figure's body is her cubist-looking face, also composed of textiles and color zones, with large, wide-open eyes that stare into space, as if thinking of something else. This figure can obviously not be reduced to the category of a "mother-to-be." Although she assumes this position, her facial expression indicates that she is preoccupied with other things. Pregnant women, often reduced to their physical condition, are not wholly absorbed by it. The fact that this figure is carrying a child is visibly only one aspect of her personality. More so: She embodies the position of the pregnant woman while simultaneously countering this positioning.

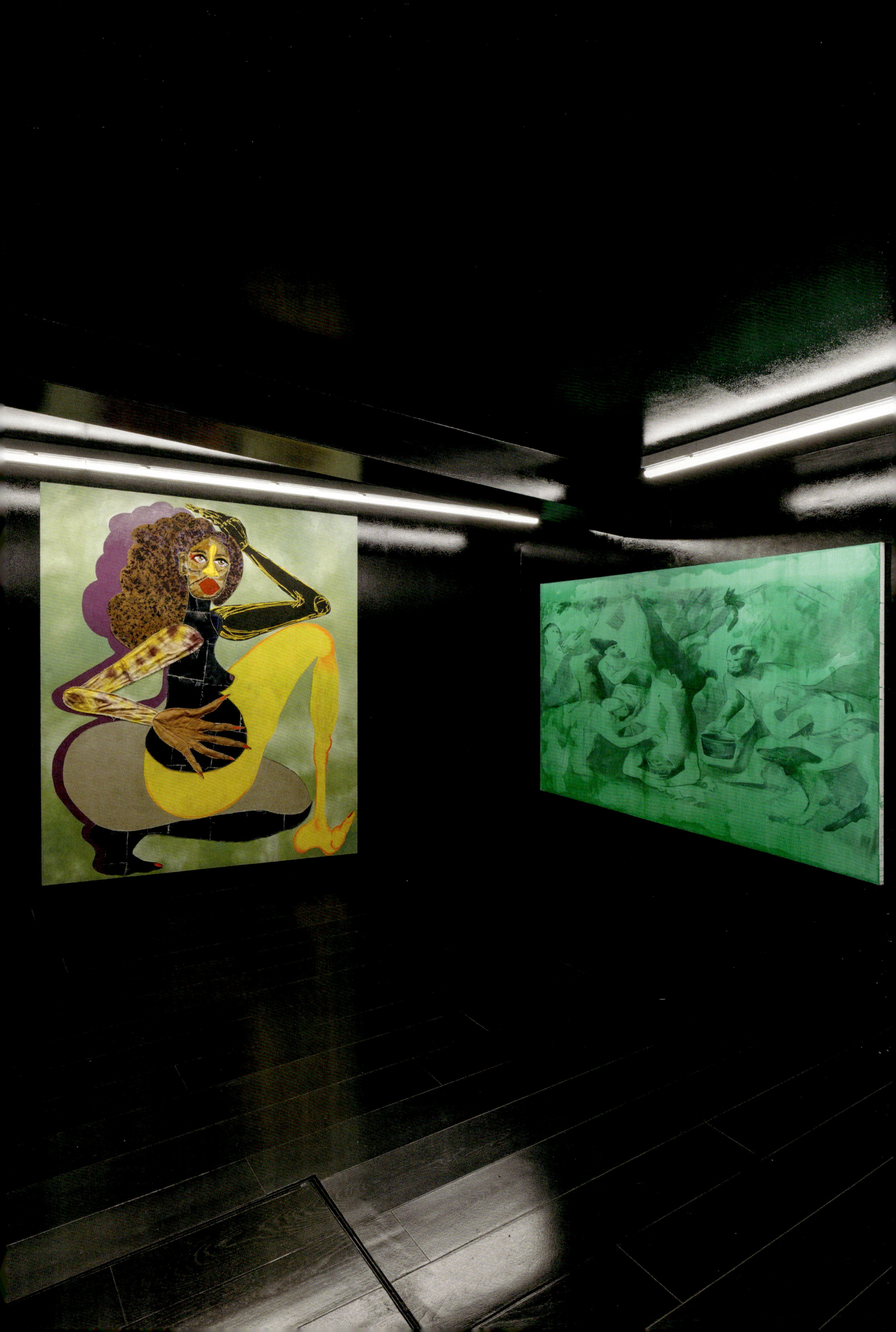

WERKE / WORKS

7
Cecily Brown
Focus Object
2024
Öl auf UV-härtendem Pigment auf Leinwand
Oil on UV-curable pigment on linen
215,9 x 226 cm
85 x 89 in
CEB/M 148

11
Charline von Heyl
Internal Object
2024
Acryl & Öl auf Leinwand
Acrylic & oil on canvas
208,3 x 198 cm
82 x 78 in
CHE/M 1

14 / 15
Brook Hsu
Study of Titian's Flaying of Marsyas
2024
Tinte auf Nessel
Ink on canvas
140,5 x 240 cm
55 ¼ x 94 ½ in
BHS/M 1

19
Sanya Kantarovsky
Narrowing II
2024
Öl auf Leinwand
Oil on canvas
90 x 70 cm
35 ½ x 27 ½ in
SKA/M 2

25
Valentina Liernur
R. with red hat, plastic glass, calendar and notebook
2024
Öl auf Leinwand
Oil on canvas
195 x 150 cm
76 ¾ x 59 in
VLI/M 1

28 / 29
Dana Schutz
Feeling Feeling
2024
Öl auf Leinwand
Oil on canvas
152,4 x 182,9 cm
60 x 72 in
DS/M 201812

33
Tschabalala Self
Positioned
2024
Mixed Media auf Leinwand
Mixed media on canvas
213,4 x 182,9 cm
84 x 72 in
TSE/M 1

Cover image
(Not exhibited)
Berthe Morisot
Wet Nurse Angele Feeding Julie Manet
(Detail)
1880
Öl auf Leinwand
Oil on canvas
50 x 61 cm
19 ⅝ x 24 in

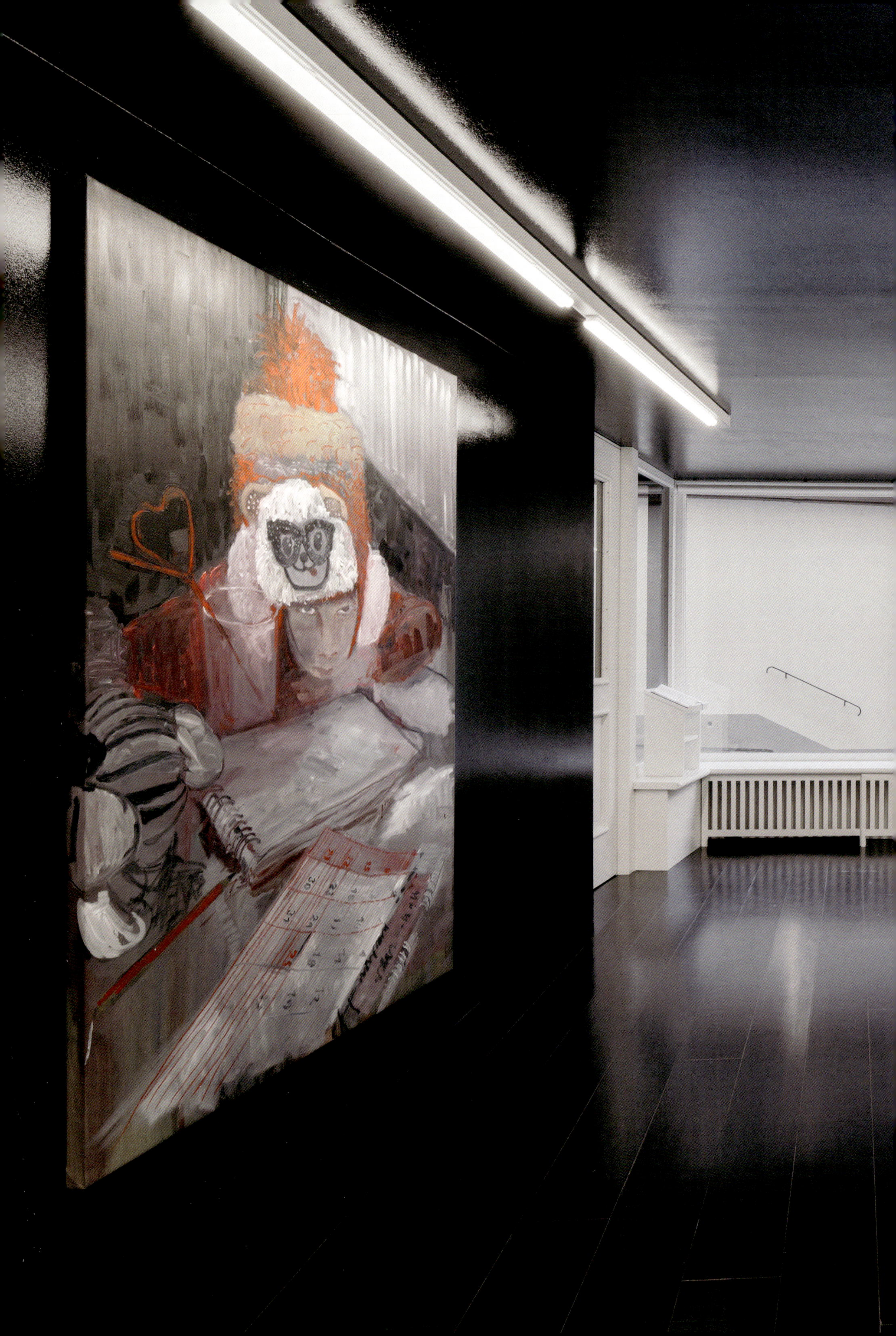

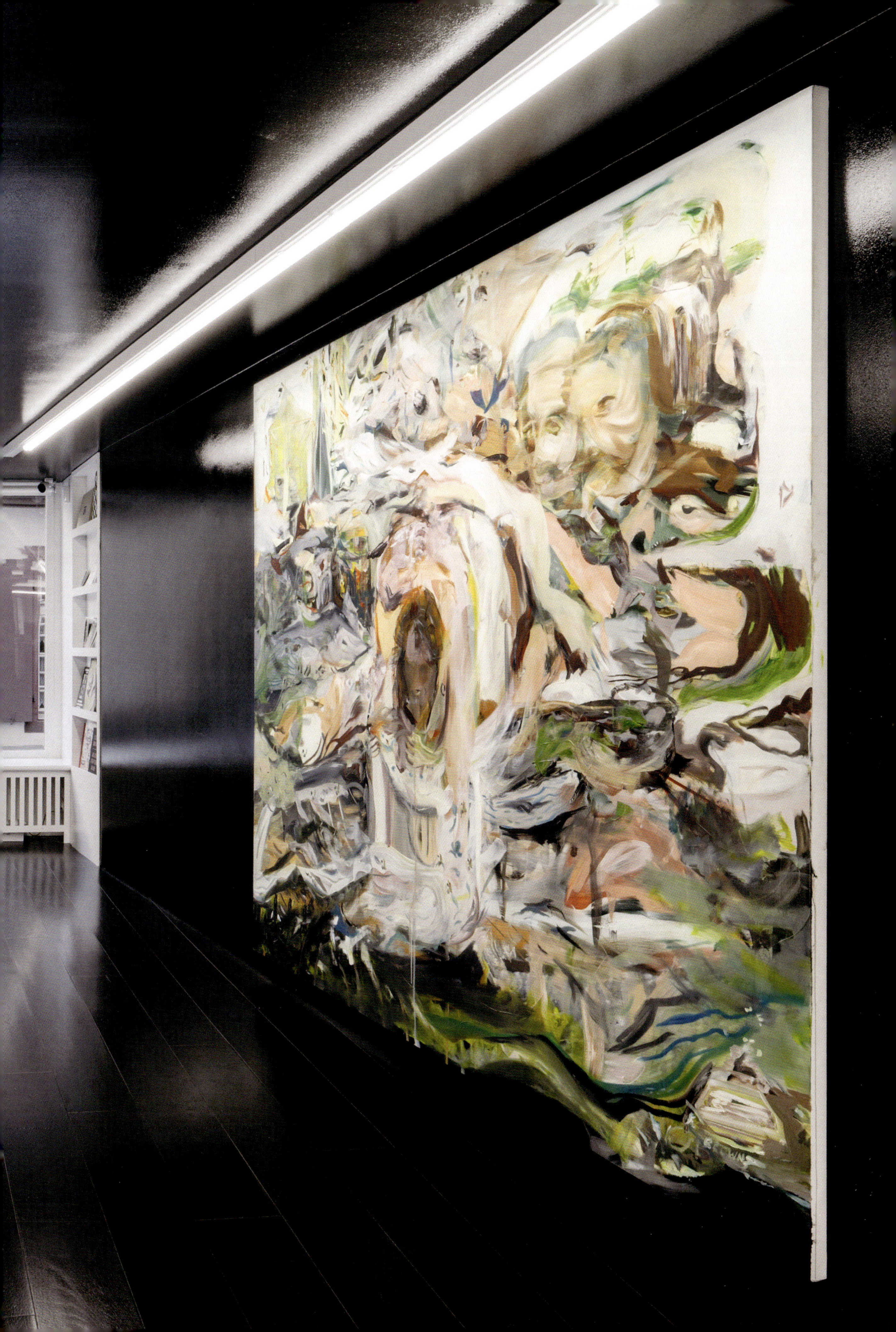

This catalogue is published
as part of the exhibition
THE MOTHER POSITION
Curated by Isabelle Graw
31 August – 26 October 2024

Contemporary Fine Arts, Basel
Bruno Brunnet & Nicole Hackert
Totengässlein 5
4051 Basel
Tel. +41 61 263 39 077
www.cfa-gallery.com
gallery@cfa-basel.ch

Texts
Isabelle Graw

Translation
Dana Žaja

Design
Imke Wagener

Photography
Cecily Brown
Photo: Genevieve Hanson
Charline von Heyl
Photo: Jason Mandela
Courtesy of the artist & Petzel, NY
Brook Hsu
Photo: Matthew Sherman
Courtesy the artist & K-T Z, Berlin
Sanya Kantarovsky
Photo: Dan Bradica Studio
Courtesy the artist & Capitain Petzel, Berlin
Valentina Liernur
Photo: Santiago Orti
Dana Schutz
Photo: Stephen Arnold
Courtesy David Zwirner Gallery
Tschabalala Self
Courtesy the artist,
Galerie Eva Presenhuber, Zurich / Vienna,
and Pilar Corrias, London
Berthe Morisot
Cover image
© Artefact / Alamy Stock Photo

Lithography
Farbanalyse, Köln

ISBN
978-3-86442-450-2

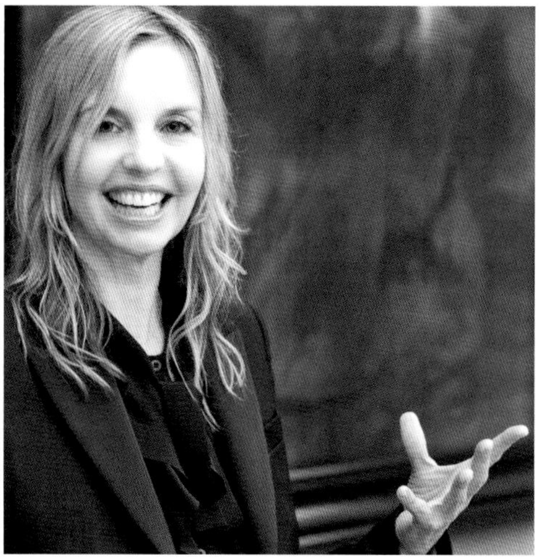

Isabelle Graw
Photo: Josephine Pryde

Vertrieb / Distribution
Snoeck Verlagsgesellschaft mbH
Nievenheimer Straße 18
50739 Köln
www.snoeck.de

Printed in Germany